Gefühle

So geht es mir!

Inhalt

Gefühle

So geht es mir!

Illustrationen: Mar Ferrero
Text: Felicity Brooks
Gestaltung: Frankie Allen

Wir bedanken uns bei Holly Docherty (Grundschul- und Sonderpädagogin) für ihre fachliche Unterstützung.

Jeder Mensch hat Gefühle

Wie fühlst du dich heute? Bist du glücklich? Oder hungrig? Vielleicht bist du traurig? Alle Menschen fühlen unaufhörlich etwas. Wie wir diese Gefühle zeigen, ändert sich, je älter wir werden.

Kleine Babys können nicht sprechen oder lächeln. Sie können nur durch Weinen oder nicht Weinen zeigen, wie sie sich fühlen. Deshalb ist es schwer zu wissen, was ihnen fehlt.

Kleinkinder zeigen ihre Gefühle sehr deutlich, aber verstehen nicht, warum sie etwas fühlen. Sie wissen auch nicht, dass andere Personen (und Tiere) Gefühle haben.

Auch ältere Kinder können ihre Gefühle gut zeigen. Und sie lernen zu erkennen, was andere Personen fühlen, indem sie auf deren Gesichtsausdruck achten.

Was fühlen diese Kinder deiner Meinung nach?
Kannst du den Gesichtern die folgenden Begriffe zuordnen?

wütend · aufgeregt · nervös · entspannt · glücklich

traurig · stolz · mürrisch · besorgt

Kannst du dich an eine Situation erinnern, in der du dich so gefühlt hast?

Körperreaktionen und Signale

Dein Körper kann auf verschiedene Art und Weise zeigen, wie du dich fühlst. Manche Reaktionen sagen dir, dass dein Körper etwas braucht.

Tina ist MÜDE.

Leon ist KRANK.

Hanna ist HUNGRIG.

Lina ist es zu HEISS.

Theo ist DURSTIG.

Lorenz ist es zu KALT.

Kannst du diesen Kindern sagen, was sie tun müssen, damit sie sich besser fühlen? Verbinde jede Sprechblase mit einem Kind.

Iss etwas.

Zieh deinen Pullover aus.

Schlaf ein bisschen.

Trink etwas Wasser.

Sag es einem Erwachsenen. Vielleicht musst du zum Arzt.

Zieh dir etwas Warmes an.

Unser Körper kann die Gefühle zeigen, die sich in unserem Kopf abspielen. Kannst du anhand der Körpersignale herausfinden, wie sich diese Personen fühlen?

Anja lacht laut.
Wie fühlt sie sich?

Oskar verschränkt seine Arme und schiebt seine Unterlippe nach vorn.

Frau Kunz ist rot im Gesicht. Sie schimpft und stampft mit den Füßen.

Arne ist ganz still.
Er fängt gleich an zu weinen.

Tim sieht niemanden an.
Er möchte wegrennen und sich verstecken.

Marie springt auf und ab und kann nicht still sitzen.
Sie atmet auch ganz schnell.

Wenn du das nächste Mal unterwegs bist, beobachte die Menschen um dich herum. Kannst du erkennen, wie sie sich fühlen?

Wie fühlst du dich heute?

Manchmal ist es schwierig, diese Frage zu beantworten und dem Gefühl einen Namen zu geben. Aber es kann dir helfen zu sagen, WIE es sich anfühlt. Du kannst deinem Gefühl auch eine Farbe zuordnen.

Ich fühle mich, als wäre ein Vulkan mit

HEISSEN, ROTEN FLAMMEN

in mir, der gleich

AUSBRICHT.

Es fühlt sich so an, als würde ein Schwarm Wespen um meinen Kopf schwirren.

Ich will wie ein Dino mit den Füßen stampfen …

… und SCHREIEN!

Und wie ein Tiger knurren.

Ich bin WÜTEND. Meine Farbe ist ROT.

Ich fühle mich, als würde ich auf einem Regenbogen rutschen!

Ich fühle mich, als würde ich an einem sonnigen Tag über eine Blumenwiese laufen.

Ich möchte SPIELEN ...

... und TOBEN.

Und alle UMARMEN!

Ich bin GLÜCKLICH. Meine Farbe ist GELB.

Ich fühle mich, als wäre eine

GROSSE GRAUE WOLKE

über meinem Kopf!

Es fühlt sich so an, als wäre ich ganz allein auf einem kalten, blauen See.

Ich möchte ALLEIN SEIN …

… und WEINEN.

Und mich ZUSAMMENROLLEN.

Ich bin TRAURIG. Meine Farbe ist BLAU.

Ich fühle mich wie eine müde Katze, die sich vor dem warmen Ofen streckt und sanft schnurrt.

Ich fühle mich, als würde meine Kuscheldecke mich **umarmen**.

Ich möchte leise SINGEN …

… und mich STRECKEN.

Und mit den Zehen WACKELN.

Ich bin ENTSPANNT. Meine Farbe ist GRÜN.

Warum? Weshalb? Wieso?

Es gibt meistens einen Grund für unsere Gefühle. Diese Schüler sprechen mit ihrer Lehrerin darüber, wie sie sich fühlen und warum es ihnen ihrer Meinung nach so geht.

Wie fühlst du dich gerade? Kannst du das Gefühl benennen?
Weißt du, WARUM du dich so fühlst?

Wie würdest du dich fühlen?

Wähle Wörter aus den Wolken, die beschreiben, wie du dich fühlen würdest, wenn du dich in einer dieser Situationen befändest.

Such dir so viele Wörter aus, wie du möchtest.

besorgt
gelangweilt enttäuscht
einsam traurig aufgebracht

stolz fröhlich
glücklich mutig
aufgeregt

Du wartest, um zum ersten Mal eine riesig lange Wasserrutsche hinunterzusausen. Wie fühlst du dich?

Der Kindergarten ist aus und alle anderen Kinder werden abgeholt. Aber dein Vater ist noch nicht da. Wie fühlst du dich?

Du liegst in deinem kuscheligen Bett und deine Mutter liest dir eine Geschichte vor. Wie fühlst du dich?

Du spielst gerade ein Videospiel, aber deine Mutter sagt, dass du ins Bett gehen musst. Wie fühlst du dich?

freundlich
entspannt
gelassen
hilfsbereit

nervös
gereizt
mürrisch
frustriert
ängstlich
wütend

Deine Lehrerin hat dir gerade mitgeteilt, dass du beim Theaterstück mitspielen darfst. Wie fühlst du dich?

Du spielst mit deiner Freundin. Plötzlich läuft ihr Hund über das Spielbrett und wirft die Figuren um. Wie fühlst du dich?

Du hast gehört, dass deine Oma ins Krankenhaus musste. Dein Vater sieht besorgt aus. Wie fühlst du dich?

Deine Lehrerin hat eine Geschichte von dir vorgelesen und sie sehr gelobt. Wie fühlst du dich?

Gefühle verändern sich

Gefühle können sich während eines Tages verändern. Du musst also nicht den ganzen Tag mit nur einem Gefühl verbringen! Hier siehst du, was Lara heute alles erlebt hat. Kannst du erkennen, wie sie sich dabei jeweils fühlte?

1 Laras Bruder sprang auf ihr Bett und schrie laut, um sie aufzuwecken.

2 Laras Vater machte für alle Pfannkuchen zum Frühstück.

6 Dann besuchten sie Laras Oma, die Lara fest umarmte.

7 Auf dem Heimweg bemerkte Lara die leere Wasserflasche.

8 Zu Hause erhielt Laras Mutter einen Anruf: Laras Freundin konnte nicht zum Spielen vorbeikommen.

Wie war dein Tag heute? Welche Gefühle hattest du?

Gefühlsdurcheinander

Manchmal verspüren wir mehrere Gefühle gleichzeitig, die scheinbar nicht zueinanderpassen. Wenn Gefühle durcheinandergeraten oder sogar gegensätzlich sind, kann das verwirrend für dich sein.

Wenn dich deine Lehrerin vor der Klasse lobt, bist du VERLEGEN, aber auch STOLZ.

Du bist FROH, wenn du die Urlaubsbilder deiner Freundin siehst, aber auch TRAURIG, weil du nicht im Urlaub warst.

Du bist AUFGEREGT, weil du gleich schwimmen lernst, aber auch ein bisschen ÄNGSTLICH, weil es neu für dich ist.

Wenn dich deine Freundin mal ärgert, bist du wahrscheinlich WÜTEND, aber trotzdem hast du sie noch GERN.

Wenn dein Haustier stirbt, bist du TRAURIG, aber auch BÖSE, weil es dich verlässt.

Nach einem Wettlauf bist du ERSCHÖPFT, aber auch GLÜCKLICH, im Ziel zu sein.

Manchmal gerät unsere Gefühlswelt durcheinander, weil unser Körper Reaktionen zeigt. Das ist dann besonders verwirrend!

Manchmal bist du WÜTEND, weil du Hunger hast.

Manchmal bist du MÜRRISCH, weil du MÜDE bist.

Manchmal bist du TRAURIG, weil du KRANK bist.

Es ist in Ordnung, wenn du nicht weißt, warum du dich so fühlst, wie du dich fühlst. Ab und zu verspüren wir auch ein Gefühl ohne Grund.

Über Gefühle sprechen

Deine Freunde und deine Familie können nicht immer wissen, wie du dich fühlst und was in deinem Kopf vorgeht. Und du kannst nicht immer sehen, wie sie sich fühlen. Darum ist es wichtig, über Gefühle zu sprechen.

Wenn du über deine Gefühle sprichst, kann man dich besser verstehen.

Wenn du deine Gefühle anderen mitteilst, kann dir geholfen werden.

Wenn du über deine Gefühle sprichst, wird eure Freundschaft enger.

Wenn du unglücklich oder wütend bist, können sich deine Gefühle in dir aufstauen. Wie eine Flasche Limonade, die geschüttelt wurde, können diese Gefühle dann explodieren und dabei andere verärgern oder sogar dich und andere verletzen.

Zum Glück musst du diese Gefühle nicht mit dir herumtragen. Du musst auch nicht schreien oder Dinge zerstören. Auf der nächsten Seite erfährst du, wie du mit deinen Gefühlen umgehen kannst.

Innehalten

Wenn du wütend oder traurig bist, möchtest du manchmal schreien, weinen oder sogar um dich schlagen. Aber du kannst auch Folgendes tun:

1. Schließe deine Augen und atme ganz tief ein.
2. Dann atme ganz langsam aus und zähle in deinem Kopf bis zehn.

Um dann deine Gefühle loszuwerden, kannst du:

Auf einen Topf schlagen.

Dich selbst umarmen.

Dich an einem ruhigen Ort verstecken.

Ganz schnell auf der Stelle rennen.

Zu lauter Musik tanzen …

… oder herumstampfen und in den höchsten Tönen singen.

Und wenn du dich dann immer noch nicht besser fühlst, kannst du:

Knetmasse mit deinen Händen fest zusammendrücken.

Deine Gefühle auf ein Blatt Papier zeichnen, es dann zusammenknüllen und wegschmeißen.

Oder du kannst:

Mit jemandem über deinen Kummer reden.

Es kann wirklich helfen, über Gefühle zu sprechen, vor allem, wenn du diese Gefühle nicht magst. Danach fühlst du dich meist besser.

Wenn du Sorgen hast ...

Hier findest du Anregungen, was du machen kannst, wenn dich etwas betrübt.

Sag dir, dass alles okay ist, bis es dir besser geht.

Stell dir vor, du wärst eine schlafende Katze. Schließe deine Augen und entspanne.

Sieh dir einen Film an, über den du lachen kannst.

Lies ein Buch, das du sehr magst.

Kuschle mit deinem Stofftier und denke an deinen Lieblingsort.

Stell dir vor, du treibst einen Bach hinunter und lässt deine Sorgen hinter dir.

Sprich mit jemandem darüber.

Schreibe oder zeichne deine Gefühle auf. Dies hilft dir, sie zu verarbeiten. Du kannst z.B. ein Tagebuch über deine Gefühle führen und kleine Bilder dazu malen.

	Mein Tag	Wie ich mich fühlte
Montag	Meine Tasche fiel aus Versehen in den Schmutz.	doof
Dienstag	Mittags spielte ich mit Jonas.	glücklich
Mittwoch	Die Lehrerin schimpfte mit mir, weil ich angeblich Stifte zerbrochen habe. Aber ich war das nicht!	wütend
Donnerstag	Jonas spielte in der Pause nur mit Tim.	traurig
Freitag	Heute spielte ich mit Jonas und Tim Fangen.	überglücklich
Samstag	Ich bin so aufgeregt, denn heute gehe ich auf Tims Geburtstagsparty.	aufgeregt
Sonntag	Es regnet in Strömen. Das Fußballspiel wurde abgesagt.	genervt

Du hast die Wahl!

Es ist völlig in Ordnung, seine Gefühle zu zeigen. Wenn du aber ein Gefühl empfindest, das du nicht magst, kannst du selbst entscheiden, wie du damit umgehst und wie du dich verhältst.

Wie würdest du in den folgenden Situationen reagieren?

Du bist traurig, weil deine Freundin auf eine andere Schule gehen wird.

- Ich mache eine andere Person auch traurig.
- Ich schmolle und weine.
- Ich sage meiner Freundin, wie sehr ich sie vermissen werde.
- Ich denke darüber nach, wie wir in Kontakt bleiben können.

Sprich mit jemandem darüber.

Du bist neidisch, weil deine Freundin einen Hamster bekommen hat und du kein Haustier haben darfst.

- Ich schreie vor Zorn.
- Ich lese ein Buch über Hamster.
- Ich frage, ob ich bei der Pflege des Hamsters helfen kann.
- Ich tue so, als würde ich Hamster nicht mögen.

Sprich mit jemandem darüber.

Du bist enttäuscht, weil dein Freund krank ist und nicht bei dir übernachten kann.

Ich wünsche meinem Freund gute Besserung.

Ich frage ihn, ob er an einem anderen Tag Zeit hat.

Ich schreie laut und trete gegen mein Bett.

Ich sage ihm, dass ich ihn nicht mehr mag.

Sprich mit jemandem darüber.

Du fürchtest dich nachts in deinem dunklen Zimmer.

Du fragst deine Eltern nach einem Nachtlicht.

Du weinst dich in den Schlaf.

Du sagst dir, dass du keine Angst hast.

Du weigerst dich, ins Bett zu gehen.

Sprich mit jemandem darüber.

Hast du bemerkt, dass es eine Möglichkeit gibt, wie du dich in jeder Situation verhalten kannst?

Es ist immer eine gute Idee, mit vertrauten Personen über deine Gefühle zu sprechen. Das können deine Eltern, Erzieher, Lehrer oder Freunde sein.

Anderen helfen

Hast du schon einmal versucht zu verstehen, was in deinen Freunden vorgeht? Und wie du ihnen helfen kannst? Versetze dich doch einmal in ihre Situation – welche Reaktion würdest du dann erwarten? Wir fühlen uns gut, wenn wir anderen helfen.

Fallen dir Situationen ein, in denen du anderen geholfen hast und diese Personen sich dann besser gefühlt haben?

Sei nett zu dir!

Wir wissen, wie es sich anfühlt, wenn andere gemein zu uns sind. Aber manchmal sind wir auch zu uns selbst nicht nett und unglücklich.

Wenn du das nächste Mal schlecht von dir denkst, dann versuche, diese Gedanken in gute und hilfreiche Gedanken umzuwandeln, so wie hier:

Alle Menschen haben manchmal negative Gefühle oder sind kurz davor, vor Wut in die Luft zu gehen. Denke daran, dass schlechte Gefühle vorbeigehen und es in Ordnung ist, andere um Hilfe zu bitten. Es ist viel einfacher, mit negativen Gefühlen umzugehen, wenn man über sie spricht.

Anmerkungen für Erwachsene

Wie fühlst du dich heute? In der Entwicklung eines Kindes ist es ein wichtiger Schritt, diese Frage stellen und beantworten zu können. Sie ist wichtig für das Zusammenleben mit anderen und die Entwicklung der eigenen Persönlichkeit. Kinder, die mit ihren Gefühlen nicht umgehen oder sie nicht verarbeiten können, werden es im Alltag schwerer finden, adäquat auf Herausforderungen zu reagieren.

Dieses Buch soll Kindern dabei helfen, unterschiedliche Gefühle wahrzunehmen, zu verstehen und zu benennen. Entdecken Sie gemeinsam mit Ihrem Kind die Welt der Gefühle. Achten Sie dabei auf Folgendes:

- Es braucht Zeit, bis Kinder lernen, mit den eigenen Gefühlen umzugehen.
- Als Erstes werden sie in der Lage sein, Gefühle wahrzunehmen und zu benennen.
- Es ist wichtig, zu verstehen, was man fühlt und warum.
- Wenn man über alltägliche Gefühle sprechen kann, fällt es leichter, über kompliziertere zu sprechen.
- Kinder haben oft noch keine Kontrolle über ihre Gefühle und spüren sie sehr deutlich. Ignorieren Sie sie nicht und versuchen Sie nicht, von den Gefühlen abzulenken.
- Kinder benötigen Zeit, um sich nach einem Gefühlsausbruch wieder zu beruhigen. Dabei werden sie oft sehr durstig. Bieten Sie ihnen etwas zu trinken an.
- Meist ist es besser, über komplizierte Gefühle erst dann zu sprechen, wenn sich das Kind wieder beruhigt hat.
- Kinder, die sich sprachlich nicht ausdrücken können oder wollen, können ihren Gefühlszustand mithilfe von Farben beschreiben. Verwenden Sie dafür eine Farbtafel oder Karten.
- Kinder entwickeln sich ganz unterschiedlich. Vergleichen Sie darum Ihr Kind nicht mit anderen.

Tipps für zu Hause

- Verwenden Sie im Alltag Begriffe, die Gefühle bezeichnen: „Ich bin enttäuscht, dass Oma heute nicht kommt."
- Lernen Sie, Anlässe zu erkennen, die in Ihrem Kind Gefühle auslösen, und bieten Sie ihm Strategien an, um mit diesen Gefühlen zurechtzukommen, z.B.: „Zieh dich an einen ruhigen Ort zurück.", „Kuschle mit deinem Teddy."
- Fordern Sie Ihr Kind auf, seine Gefühle mitzuteilen: „Ich bin sehr traurig, dass dein Hund gestorben ist. Wie fühlst du dich?"
- Erkennen Sie das Gefühl Ihres Kindes an, indem Sie Sätze verwenden wie: „Ich kann sehen, dass du sauer bist. Ich wäre auch sauer, wenn mir das passiert wäre."
- Erinnern Sie Ihr Kind regelmäßig daran, dass es wählen kann, wie es auf ein Gefühl reagiert.
- Bringen Sie ihm Strategien bei, wie man mit negativen Gefühlen umgehen kann (siehe Seite 22–25).
- Helfen Sie älteren Kindern dabei, nicht negativ über sich zu urteilen, sondern positiv zu denken (siehe Seite 30–31).
- Lesen Sie Kindern Geschichten vor. Bücher, in denen Gefühle thematisiert werden, können dabei helfen, Empathie aufzubauen (die Fähigkeit, sich in andere einzufühlen).
- Halten Sie Gegenstände bereit, die einen Gefühlsausbruch abmildern oder das Kind beruhigen können, z.B. einen Topf, auf dem getrommelt werden kann oder Seifenblasen, die helfen, den Atem zu regulieren.

Usborne-Quicklinks

Du möchtest mehr über Gefühle erfahren? Links zu Webseiten mit zusätzlichen Informationen findest du auf **www.usborne.de**. Gib den Suchbegriff „Gefühle" ein. Klicke dann auf „**Quicklinks**" unter der Beschreibung des Buches.

Bitte beachte die Hinweise zur Sicherheit im Internet auf der Usborne-Webseite. Wir empfehlen, Kinder bei der Nutzung des Internets zu beaufsichtigen.